HISTOIRE ET VIES.

DES GLORIEVS

St. VICTOR DE MARSEILLE,

ET

St. CLAIR SVR-EPTE,

Martyrs.

Extraites des anciens manuscrits de l'Abaïe Sainct Victor leZ Paris.

Par L. P. L. B. Chanoine Regulier de ladite Abaïe.

A PARIS,

Chez IEAN BESSIN, ruë de Reims, prés le College.

M. DC. XXX.

Auec Aprobation des Docteurs, & Permiſsion.

Approbation des Docteurs.

NOvs souſſignés Docteurs Regens en la ſacrée faculté de Theologie à Paris, certifions auoir leu atentiuement, & auec vne grande conſolation d'eſprit l'hiſtoire des glorieux S. Victor de Marseille, S. Clair svr-Epte, & n'y auoit remarqué choſe aucune qui ne ſoit entierement conforme à la Doctrine de l'Egliſe Catholique, Apoſtolique & Romaine, & digne de la pieté Religieuſe de celuy qui l'a compilée & ramaſſé pour l'edification & inſtruction du peuple Catholique qui en ſera grandemēt ſatisfait, & incité à imiter ces Saincts autant qu'il pourra, quand il la lira, ou entendra lire auec humilité, deuotion & deſir d'y profiter. Fait à Paris en nos Eſtudes ce 19. de Mars 1630.

G. Froger.

L. Messier.

LA VIE
DE St. VICTOR
DE MARSEILLE, MARTYR.

 VANT que de commencer la Vie & Paſſion de l'inuincible S. Victor, Martyr de la ville de Marſeille, il ne ſera point (ce me ſemble) hors de propos de dire quelque choſe de cete ſuſdite ville, illuſtrée & ornée du ſang de tãt de valeureus champions, qui ont ioyeuſement expoſé leur vie pour la querelle de Ieſus-Chriſt.

Marſeille eſt vne tres-ancienne cité Greque, qui pour ſes richeſſes, ſes forts, & ſon port, ne cede à aucune de la Prouence. Mais qui en ciuilité, gentilleſſe, & ſcience, les ſurpaſſe de beaucoup ; toûjours priſee par les Auteurs, pour ſes eſtudes, plus qu'aucune des Gaules; voire meſme plus qu'Athenes , puis qu'en ſes commencemens elle a eſté l'vn des premiers ſeminaires & pepinieres de la lãgue Greque, comme font foi tous les contrats qui ſe paſſoient autrefois écrits en cete lãgue, qui ſe retrouuët ez Archiues de cete ville : ainſi qu'a remarqué Strabon, outre qu'il n'y a que quatre-vingts ans que toutes les affaires s'y faiſoient en Latin. Tous les enfans de bonne maiſon s'y achemi- noient pour y apprendre, & y cultiuer leur eſprit: De façon qu'vn temps a eſté que les Romains auroient changé Ro- me en Athenes pour l'inſtruction de leur ieuneſſe, ainſi

A

qu'a remarqué le sufdit Auteur.

Quant à fa puiffance fur mer, elle ne cede en rien à celle de Rhode, & fur terre à Lacedemone, pour eftre ceinte de trois coftez de mer; & eft vne des villes qui a donné plus de peine à Cefar à fubjuger. Sa principale force confifte en vaiffeaus, dont elle n'a efté iamais degarnie. Ses fondateurs font les Phocenfes Afiatiques, qui bannis de leur païs par la grande crüauté & tyrannie de Harpale, Lieutenant de Cyrus, furent conduits par Peranie leur General & Capitaine (qui auoit époufé la fille de Seuan Roi des Segoregiens) & vindrent aborder en ce recoin de la mer Licuftique, là où ils fonderent cete ville, (enuiron la quarantedeuxiéme Olympiade, qui correfpond à l'an du monde trois mil trois cens cinquante & trois, du temps que Sedéchias regnoit en Iudée, & Tarquinius Prifcus à Rome, l'an de la fondation d'icelle cent quarante & vn) la nommant fortuitement de ce nom: car ayans ieté l'ancre & veu des pefcheurs fur la bord de la mer, que les Grecs appellent ἁλιεῖς, ils s'affeurerent de quelque bonne fortune : & à l'inftant ils commanderent aux Eoliens de Macin (qui fignifie lier les cordages) de s'arrefter là, & de ce nom de Macin cete ville fut denommée Marfeille, ainfi que l'a doctement remarqué Eufthacie fur Denys Afer.

Mais quoy que cete ville foit recommandable pour fes antiquitez, elle l'eft encore dauantage, pour auoir efté empourpree du fang d'vne infinité de Martyrs, & nommémét de celuy du glorieux S. Victor, duquel nous pretendõs d'écrire la paffion, qui a glorifié Dieu par cinq fortes de Martyre, refpandant à chaque fois fon fang, comme vous entendrez par la fuite de cete hiftoire.

Ce fut l'an dix-neufiéme de l'Empire des Empereurs Diocletian & Maximian, au mois de Mars, s'approchant la folemnité de Pâques, que furent publiez les Edicts des Cefars, à ce que toutes les Eglifes fuffent razees & demo-

molies, que tous les liures de la sainte Ecriture fussent brû-
lez, & que si aucun des Chrestiés estoiét pourueus de quelques ofices & dignitez, ils en fussent depossedez, rendus &
declarez infames: Comme aussi si quelqu'vn des idolatres
auoit des esclaues Chrestiens, qu'ils ne peussent estre mis
en liberté. Telles choses estoient portees par les premieres
Loix & Sanctions: Mais ces susdits Empereurs, qui auoiét
pris à tâche d'efacer de la memoire des hommes le nom du
Christianisme, s'y porterent auec vn tel excez de cruauté,
que depuis presque trois cens ans, que les Chrestiens
auoient esté persecutez, lon n'auoit rien veu de semblable.
Ce fut alors qu'en pleine assemblee des jeus, pour exciter
dauantage ces Empereurs alencontre des fidelles, lon entendit iusqu'à vingt-deux fois crier à pleine teste, *Que lon
oste les Chrestiens (Empereurs) que les Chrestiés soient exterminez,*
Et à l'instant, comme si les premiers Edicts eussent esté des
roses, en furent promulguez d'autres, mais bien plus seue-
res & rigides que les premiers, qui portoient, que tous les
Prelats des Eglises & tous les Chrestiens fussent mis en
prison, & contrains par toutes sortes de tourmens d'adorer
les faux dieux. Incontinent la terre fut couuerte de massa-
cres & de sang : les Chrestiens estoient reputez comme la
lie du genre humain, l'oprobre de la terre, & le but & le
blanc de toutes les inhumanitez : les vns estoient enfer-
mez dans des caues n'osans paroistre en public, priuez des
necessitez que la nature a voulu estre communes à tout le
monde: n'estant pas mesme permis de prendre de l'eau, ou
d'acheter quelque chose au marché, que premierement
on n'eust adoré les Idoles qui estoient en tous les carre-
fours dressez à cet effet.

Mais comme la palme, tant plus elle est pressee & foulee,
plus se redresse-elle & se guinde en haut : Ainsi l'Eglise,
plus elle estoit pressee & opressee, plus elle s'escartoit &
s'estendoit dauantage. De façon que pour vn Martyr que

A ij

Ion immoloit, cent autres se presentoient pour estre im-
molez, qui iuroient & protestoient la Foy de Iesus-
Christ.

Sainct Victor, dont nous escriuons la vie, nous sera vn
tesmoin irreprochable de cete verité, qui par son triomphe
a confirmé toute cete ville de Marseille, où il auoit pris
naissance, & qui issu de parens nobles & illustres, comme
il est croyable (jaçoit que lon n'en sçache point les noms)
& comme il se collige par ses Armes, qui sont neuf bastós
fleurdelisez au milieu & au bout, les a ennoblis encore
dauantage, par son genre de Martyre. Quant à la naissance, nourriture, instruction, & en quel âge il fut enrollé à
la milice pour combatre & seruir les Empereurs, cela nous
est incognu, aussi bien que son extraction, Dieu n'ayant
voulu mettre en euidence & au iour que la premiere &
principale action qui le rendoit plus recommandable, sçauoir par quels tourmens il l'a glorifié.

Maximian donc, pour donner plus de force & d'autorité à ses Edicts impies, s'achemina auec ses Satrapes ez
villes capitales qui dependoient de son Empire, pour les
faire executer. Or comme il fut paruenu à Marseille, il se
fit presenter tous les Chrestiens qui estoient dans les Con-
ciergeries. Ce fut lors que lon vit l'Enfer combatre contre
le Ciel, & combien l'homme fortifié de la grace de son
Dieu est plus fort que les machines du monde: Car de
ces prisons sortoient des vieillars moisis, âgez de quatre-
vingts & cent ans qui couroient au Martyre: des Dames
fort honorables, des filles tres-delicates, & de tendres enfans qui chantoient les loüanges du Tout-puissant, lors
que lon les conduisoit pour estre sacrifiés. Mais sur tout
parut sur le champ de bataille pour combatre & triõpher
l'inuincible S. Victor: lequel, comme il estoit l'vn des honorables de cete ville, aussi paroissoit-il entre cete saincte
cohorte de Chrestiens comme vn Soleil entre les Astres,

pour les bonnes parties dont il estoit doüé. Car l'amour qu'il portoit à son Dieu, faisoit qu'il n'auoit assez d'yeux pour contempler & admirer ses merueilles, assez de bras pour l'embrasser & le tenir serré, & assez de cœur & de courage pour luy tesmoigner quelle estoit l'affection qu'il luy portoit. Pourquoy l'occasion estant née de luy rendre quelque notable seruice, & profitable à la Religion, voyāt la persecution qui s'augmentoit de tous costez, & que plusieurs tergiuersoient & chanceloient en leur croyance pour l'horreur des tourmens: Luy, comme vaillant Capitaine commença à les confirmer par son exemple & parole, afin de resister puissamment, leur disant; *Où est ce courage (ô Athletes de Iesus) que vous auiez? & cete resolution ferme que vous professiez n'agueres, de mourir pour celuy qui estoit mort pour nous, auant que l'Empereur vint en cete contree? N'auiez-vous pas entendu ces Edicts inhumains, dont vous vous estiez moquez? Faut-il maintenant que le temps est venu de faire preuue de nostre constance & patience, que vous sembliez reculer, comme si c'estoit vous qui deniez combatre, & non point Dieu en vous? Non, non, courage, afrontons fortement ce tyran qui vient pour nous depoüiller de nos biens & nos vies: ne craignons & ne redoutons sa puissance, qui ne peut s'estendre que sur nos richesses & nos corps, & non point sur nos ames. Mourons, mourons constāment, puisqu'aussi bien il nous faut tousiours mourir, & laissons à la posterité vn exemple imitable de nostre mort. Nos peines & tourmens seront momentanez, mais la gloire & la recompense de les auoir endurez ne finira iamais.* Par telles & semblables paroles le Sainct animoit les Chrestiens, & les exortoit, & en public, & en particulier: tâchant comme vn expert Medecin & Chirurgien, de guerir par toutes sortes de moyens, & releuer les esprits foibles qui sucomboient à vne action si saincte.

Le Diable se voyant ecorné, & que le Sainct luy rauissoit la proye qu'il enleuoit tous les iours de la Bergerie du

Iesus-Christ, ne le peut supporter longuement, mais sus
cita quelques flateurs (dont les maisons des Grands ne
sont iamais degarnies) à le deferer à l'Empereur, & luy faire entendre que le principal motif qui empeschoit que les
Chrestiens n'obeïssoient à ses Edicts, estoit Victor, qui
les encourageoit à maintenir la Foy de Iesus-Christ. Incontinent il commanda à Asterius son Prefet, de se sai-
sir de sa personne ; & aussi-tost dit, aussi-tost fait. Ce
Prefet le fit comparoitre deuant son Tribunal, lequel
voyant son port, sa grauité, ses actions, son maintien, & sa
fleurissante ieunesse, employa toute son eloquence & re-
thorique à le persuader d'obeïr aux Empereurs, & sacrifier
aux Dieux immortels, conseruateurs & restaurateurs de
leur Empire, luy representant quand-&-quand les biens,
& les honneurs & dignitez qu'il pourroit s'aquerir en ce
faisant. Mais S. Victor, enyuré de cet esprit Diuin, respondit constamment, Qu'il ne reconoissoit qu'vn Dieu,
qui auoit fait le Ciel & la terre de sa simple parole : & que
les Dieux qu'il appelloit protecteurs de l'Empire, n'estoiēt
que des infames demons cachez dedans ces pierres & sta-
tuës qu'il adoroit : Qu'il n'y auoit que le Dieu du Ciel
qui donne & oste (comme il luy plaist) les Couronnes,
Principautez & Monarchies aux Princes & aux Roys,
qui conseruoit cet Empire: Qu'à luy appartenoit la gloire
& l'honneur: & quant aux dignitez & grandeurs qu'il luy
proposoit, qu'il ne vouloit en estre honoré au preiudice
& detriment de la Religion qu'il auoit professee; & qu'il
estoit content de sa condition, puis qu'il estoit en la grace
de son Dieu.

A l'instant toute cete mutine populace idolatre, qui
estoit là presente, commença à crier, que l'on eût à oster le
Sainct, à le faire mourir, & à executer les peines portees
par les Loix, pour auoir blasphemé contre les Dieux immortels. Eutichius mesme & Asterius, Lieutenans des

Empe-

*Est ap-
prehen-
dé.*

*Sa res-
ponse.*

Empereurs tous boüillans de colere, euſſent bien deſiré
d'vſer de main miſe, pour entamer (s'ils euſſent peu) cete
poitrine d'acier: mais ils n'oſerent, pour l'autorité & credit
que s'eſtoit aquis S. Victor. Ce fut pourquoy ils en remi-
rent & defererent le iugement à l'Empereur.

L'Empereur ayant ſceu que le Saint eſtoit Chreſtien, en
fut d'autant plus eſtonné , qu'il le croyoit eſtre vn de ſes
fideles ſeruiteurs, & cõmanda que lon le luy amenât. Ce
fut alors que le Saint fit paroiſtre, qu'il n'y a rien de plus
courageux & plus fort qu'vne bonne conſcience, ny rien
de plus victorieux que la verité: Car aux accuſations &
impoſtures que lon luy mettoit deſſus, & aux blandices &
terreurs que lon luy propoſoit, il ne s'eſtonna non plus
que font les rochers aux ondes de la mer: Au contraire, en-
tendant parler des tourmens qui luy eſtoient preparez, ſon
courage s'augmenta de telle façon, qu'il commença en la
preſence de l'Empereur de parler bien hautement de la
Majeſté de Dieu, de ſa bonté, de la charité qu'il auoit por-
tee de tout temps à ſes creatures : comme il auoit enuoyé
ſon Fils au monde (qu'il auoit engendré de toute eternité)
pour endurer, & racheter les hommes de la mort qu'ils
auoient encouruë par le peché du premier Pere : que le
ſang qu'il auoit répandu eſtoit les arres & les gages de noſtre ſalut : *Sang ? (diſoit-il) ô Empereur, qui eſt plus que ca-*
pable d'expier tes forfaits & ceux de tes ſubjets infideles, ſi tant eſt
que tu vueilles qu'il te ſoit apliqué, & delaiſſer le culte des Idoles.

A peine S. Victor eut acheué ſon diſcours, que Maximian rugiſſant comme vn Lyon en furie commanda qu'il
fuſt mis à nu, & lié par les pieds à la queuë d'vn cheual in-
domté; & qu'il fuſt ainſi conduit par la ville & fauxbourgs
de Marſeille : Ce qui fut executé ſi cruellement, qu'il n'y
eut debris, rabots, & vallees par où ce S. corps ne paſſaſt
& ne fuſt empourpré & rougi de ſon ſang, dautant que
depuis la ceinture iuſques au ſommet de la teſte, ne ſe vo-

B

par tou-
te la
ville.

yoit qu'vne seule playe en luy. Toutefois ce tourment ne
fut point capable d'apaiser & donner quelque compassion
à ce peuple idolatre : Car ne pouuant faire l'office de bou-
reau , il le solicitoit d'eprouuer le cheual afin de le faire
cahoter & gehener dauantage : vomissant contre luy vn
illiade d'iniures. Mais comme le diamant se fortifie aus
coups : de méme ce premier essai & genre de tourment,
confirmoit dauantage le S. & tous les Chrestiens en l'a-
mour de Dieu; De façon que lors que les Payens croyoiēt
qu'il eust perdu courage, & deust quiter les armes, ce fut
lors qu'ils le virent reuestu d'vne nouuelle force.

Ce tourment acheué il fut de rechef en cet equipage
presenté à l'Empereur, qui l'exorta de pardonner à sa ieunesse, de n'estre point meurtrier de soi-mesme, & qu'il
voulust luy obeyr: autrement que le tourment qu'il auoit
enduré n'estoit qu'vn eschantillon des autres par où il deuoit passer, s'il estoit dauantage opiniastre : que le Crucifié qu'il preschoit ne le deliureroit de ses mains : Partant
qu'il luy conseilloit de n'entrer plus auant, & de preferer
son amitié qu'il luy ofroit (au cas qu'il voulust sacrifier
aux Dieux) à tous les suplices qui luy estoient preparez.

A ces paroles, S. Victor vainqueur des premieres bou-
rasques de l'ennemy, répondit d'vn visage riant à l'Empereur : *Auguste Majesté, ie vous ay tousiours (par la grace de
mon Dieu) rendu l'honneur & le respect qu'vn fidel suiect doit
à son Prince, & ay procuré entant qu'il m'a esté possible l'auancement & le bien de la chose publique, & le ferai si longuement que
ie iouyrai de cet air commun : Et puis dire (auec verité) que
tant s'en faut que i'aye voulu nuire à Cesar & à ma patrie, que
i'ay exposé maintefois ce mien corps au fer & au feu, pour leur
conseruation, & nuict & iour ie ne cesse d'ofrir à mon Dieu le sacrifice de mes leures, à ce qu'il luy plaise te conseruer & reduire à
la droite voye. Mais que tu repute à injure, & afront à la patrie,
de ce que ie n'adore des pierres & des marbres, qui n'ont que for-*

me d'homme : c'est ce qui ne se peut dire, sinon sous correction. Pour moy, ie poseray tousiours l'ancre de mes desirs au Dieu du Ciel, qui voit tout, qui contemple tout, & qui portera auec moy la moitié des tourmens que tu dis m'auoir preparez.

L'Empereur ne pouuant dauantage entendre ces dis-cours, escumant de colere luy dit, que c'estoit assez Phi-losophé : qu'il eust à se taire & à choisir, ou d'apaiser les Dieux, leur ofrant de l'Encens; ou de mourir dans les peines & soufrances. Là dessus S. Victor respondit: *S'il est ainsi que demeuriez opiniastre en vostre idolatrie (ô Empereur) peut-estre que confirmant ce que ie dis de mon Dieu en endurant, que vostre cœur s'atendrira. Partant sans vous tenir dauantage en suspens, sçachez que ie mesprise & deteste vos Dieux comme De-mons immondes, que i'adore celuy du Ciel. Preparez les croix; les roües & les gibets, les fers & les tenailles, le salpestre & la poix; & voyez si ces suplices me pourront esbranler,* S. Victor ayant ainsi parlé, l'Empereur le mit entre les mains d'Asterius & Eustichius, pour luy faire endurer tous les suplices qui se pourroient imaginer. Ayants receu ceste charge, vne emulation diabolique vint à naistre entre ces deux Pre-fects, chacun le voulant auoir de son costé pour le tour-menter: Neantmoins Asterius pour l'auoir le premier pre-senté à l'Empereur, emporta le dessus, qui à l'instant com-manda qu'il fust foüeté derechef auec des nerfs de bœuf, puis les bras tors qu'il fust attaché à vne croix. Mais com-me si le corps du S. Martyr eust esté d'acier ou de bronze, il ne fit paroistre aucun signe de douleur; Et bien que l'on vist ses entrailles au trauers des playes, & qu'il fust si cou-uert de sang, qu'à peine les yeux des assistans le pouuoient contempler: Neantmoins il ne monstroit aucune altera-tion, Ains perseuerant auec vne constance diuine, il ocu-poit son esprit à rédre graces à Iesus-Christ son exemplai-re, qui le fortifioit. Ses bras & ses pieds en ceste croix estoient disloquez, tors, & separez de leur iointure: Mais

Est foue-té, & les bras tors ata-ché à vne croix.

son cœur estoit en son centre & propre lieu conjoint auec
celuy de son Epoux. Les boureaux estoient las & recrus de
le batre & fraper, Et le Martyr ne pouuoit assez endurer.
Car en ce tourment leuant les yeux vers le Ciel, il dit d'v-
ne voix amoureuse & plaintiue. Si iamais i'ay eu besoin d'e-
stre exaucé de vous, ô misericordieux & debonnaire Seigneur mon
Dieu, c'est maintenant, où ie n'ay que l'vsage de la langue, & où
les fonctions de mes mains, que ie soulois à toute heure leuer deuers
vous, me sont deniees : ie vous suplie d'écouter fauorablement ma
tres-humble requeste. Ie ne suis point si temeraire, de presumer que
mes merites m'en facent acorder l'enterinemet : ie l'atens de la
verité infaillible de vos misericordieuses promesses & de vostre
bonté, qui ne denie point son secours à celuy qui le requiert hum-
blement. C'est au nom de vostre fils Iesus-Christ, que ie vous con-
jure de ne me point delaisser, & de faire que ie ne sois iamais separé de vous. Soyez auec moy en ce combat & en tous les autres qui
me restent, dautant que mon plus grand honneur est d'endurer
pour vn si haut & si souuerain Monarque comme vous estes : for-
tifiez moy de vostre grace, & me faites voir en ceste vie mortelle
celuy qui a répandu son sang pour moy, & pour lequel ie répans
pareillement le mien. Ah! grande bonté & misericorde de nostre Dieu ! A peine le sainct Martyr eut acheué son oraison, que nostre Seigneur Iesus-Christ s'aparut à luy, portant l'étendart de la croix, qui luy dit : *Courage Victor :
acompli ce que porte ton nom, sois fidel iusques à la mort. Ie suis
Iesus-Christ, qui t'aideray en tes aflictions, & te protegeray en
tous tes combats : ne crain point, dautant que ie suis auec toy, &
te donneray vne telle force & magnanimité, que tes ennemis di-
ront publiquement, qu'en toy il y a quelque chose qui surpasse le
commun.* S. Victor excité & enflammé dauantage par ceste
vision en l'amour de son Dieu, commença à le loüer plus
hautement, y employant si peu de force qui luy restoit ;
qui fut cause que le Tyran ne le peut supporter plus longuement : Mais commanda que l'on l'ostât de la Croix, &

qu'il fût mis en priſon ſous vne eſtroicte garde.

Las ! qui peut reſiſter à la volonté du tout puiſſant ! Le Martyr eſt auſſi bien conſolé en la priſon qu'en la Croix. Le monde ne le voit, mais il eſt veu des Anges, veuë qui ne le recree pas ſeulement interieurement, mais exterieurement. Anges, qui le guariſſent de toutes ſes playes, qui l'accompagnent dehors, & dedans la priſon, qui le conduiſent & ramenent, qui ouurent & ferment les portes, ſans que l'on s'en puiſſe apperceuoir, les Seaux demeurans en leur entier. Il eſt apperceu de ces Satrapes dehors, & le retrouuent dedans. Ils admirent & s'eſtonnent, comme cela ſe peut faire, par ce qu'ils ignorent les œuures de Dieu. Ils le tirent de priſon pour en eſtre plus particulierement informez, & eſtant deuant l'Empereur, il luy dit : *Ie veus que deuant toute ceſte compagnie tu me diſe tout maintenant, comment tu es ſorty de la priſon ? car à ce que i'entens tu es ſors toutes les nuicts : ſi tu n'eſtois Magicien, tu ne pourrois faire cela.* S. Victor reſpondit : *Ie ne ſuis point Magicien, & ie deteſte tous les arts magiques, comme contraires à la Foy que ie profeſſe : Mais ie veus bien que tu ſçache (ô Empereur) que ie ne ſuis point ſorty clandeſtinement (bien que ie fuſſe gardé fort eſtroictement) mais publiquement, & à la veue d'vn chacun, les portes eſtans ouuertes : non point pour me promener, & prendre mes ébats, mais bien pour conſoler, viſiter & penſer les malades, comme i'ai touſiours accouſtumé de faire : & mon Dieu, qui n'eſt que charité qui ſe plaiſt en cet office que i'exerce enuers les pauures languiſſants, m'enuoye toutes les nuicts ſes Anges qui m'ouurent les portes, à l'aſpect de tes ſentinelles, ſans qu'ils le puiſſent empeſcher.*

Maximian plus ſitibond du ſang des Chreſtiens qu'auparauant, commanda à ſes deux Lieutenans ſuſdits qu'ils euſſent à faire vne diligente perquiſition de tous les Chreſtiens : Et que tout autant qu'il en tomberoit entre leurs mains, ils les contraigniſſent de ſacrifier; & en cas de refus,

Les Anges auſſi le viſitent, guariſſent & conſolent.

qu'ils inuentaſſent de nouueaux tourmens pour les faire
mourir. Ceſte ſentence fulminée, Maximian ſe retira,
laiſſant S. Victor entre les mains d'Aſterius, qui tenant
ſes Aſſiſes fit comparoiſtre le Sainct deuant luy:& croyant
qu'il l'auroit pluſtoſt par douceur, que par la force, luy re-
preſenta les bonnes parties dont les Dieux l'auoient orné,
& la generoſité de courage qu'ils luy auoiét conferé, qu'il
ſçauoit bien que ce qu'il auoit eſté refractaire aux Edicts
des Empereurs, cela ne luy deuoit pas eſtre tant im-
puté, qu'à vn tas de mutins Chreſtiens qui auoient ſe-
duict ſon eſprit; que meſme l'Empereur recognoiſſoit bien
cela, qui eſtoit faſché de tant de tourmens qu'il auoit endurez. Neantmoins qu'il luy aſſeuroit, qu'il luy portoit
autant, voire dauantage d'affection, qu'auparauant; qu'il
ne miſt point d'empeſchement à ceſte bonne volonté là, &
qu'il eſtoit pour eſtre l'vn des premiers de ſa Cour. Le
Sainct boucha l'oreille à tous ces ſiſlemens de Satan, &
leur dit qu'il valoit mieux obeyr à Dieu qu'à l'Empereur.
Car, diſoit-il, ſi Dieu eſt irrité contre ſa creature, qui luy retien-
dra les mains? l'Empereur dont vous vantez tant la puiſſance,
& tous ceux qui ont eſté auparauant luy, ne ſont que des atomes en
ſa preſence: c'eſt luy qui commande aux montagnes, & les fait paſ-
ſer d'vn lieu à autre, qui borne la mer, la diuiſe, & la met à ſec
quand il luy plaiſt, & qui peut renuerſer d'vn clin d'œil toute
ceſte machine ronde, & partant ſçachez (comme ie vous ay deſia
dit) que ie ne le lairay iamais, pour adorer du bois & du metal.
Les Prefects reſpondirent, *Miſerable, voire le plus de tous les*
mortels, tu nous en ferois bien accroire, ſi nous ne ſçauions ton ex-
traction. On diroit à t'entendre parler que tu ſerois du ſang des
Empereurs, quelque Prince ou Seigneur, ou bien quelque grand
homme d'Eſtat; iaçoit que tu n'aye eſté iamais qu'vn pauure
Nautonnier. A ces paroles S. Victor repliqua qu'il n'eſtoit
pas ſeulement Nautonnier, mais auſſi patron & gouuer-
neur:qu'il ſçauoit ramer & commander, faire & pratiquer,

puis qu'il plaisoit à Dieu luy en donner la force.

Les Prefets voyans qu'il seroit plus facile d'amolir les pierres & les rochers, que de vaincre sa constance, ordonnerent qu'il fût mis en prison plus estroitement qu'auparauant. Mais Dieu qui est plus present à sa creature que la creature n'est à elle mesme, ne luy manqua pas au besoin. Car sur la minuit comme ces trois sentinelles qui le gardoient, se furent endormis, soudain vne lumiere vint à eclairer cete chartre, qui faisoit honte au Soleil, qui reueillant ces soldats en sursaut ne sçauoient que penser : d'autant que voyant le prisonnier auprés d'eux, loüant & magnifiant son Dieu, les portes bien fermees, les verrous dans leurs gons, furent épris d'vne indicible crainte : & considerans que cela ne se pouuoit faire sans quelque grace speciale, dont ce bon Dieu fauorisoit son Athlete, se ietterent à ses pieds, & demanderent à estre catechisez. O grande mutation & changement de la dextre du Tres-haut ! Les sentinelles sont constituees pour garder S. Victor, & le Saint leur sert de sentinelle. Les sentinelles dorment, & le Saint veille & prie pour elles. Les sentinelles se reposent idolatres & Payens, & au reueil ils se trouuent Chrestiés. En fin les voyant reduits au poinct qu'il desiroit, de Loups estre deuenus Agneaux, & de soldats de Maximian soldats de Iesus-Christ, il les instruisit de ce qu'ils deuoient faire. A quoy s'estans soumis, les portes de la prison furent ouuertes miraculeusement, & S. Victor les conduisit au bord de la mer, où par prouidence diuine se trouuerent certains Prestres qui les baptiserent, le Saint leur seruant de pere & de parrin en vne si saincte action : laquelle paracheuee, ils retournerent de compagnie en la prison, fermans les portes comme elles estoient auparauant, passant le reste de la nuit en prieres & actions de grace.

Cependant le lendemain le bruit court, que les trois sentinelles deputez pour garder S. Victor, sont Chrestiens,

& le desirent accompagner au Martyre. Cete nouuelle
mesme paruint aux oreilles des Prefets, lesquels se firent
amener le Saint, auec Fœlician, Longin & Alexandre (ce
sont les noms des trois soldats que S. Victor auoit conuertis) & s'adressans au Saint, tâcherent pour la derniere
fois par leurs blandices & paroles simulees de faire breche
à sa constance : mais il leur repondit, qu'il ne sacrifieroit
iamais qu'au vray Dieu, pour lequel il vouloit mourir.
Ie veux (adiousta-il) *mourir mille fois, s'il se peut faire : aussi
bien est-ce trop peu d'vne bouche pour confesser ses loüanges. Commandez, ô Prefets (si vous le trouuez bon) que lon hache & dechi-
re ce mien corps, comme lon a desia fait, (lequel vous voyez sain &
entier par vne grace speciale qui m'a esté octroyee du Ciel) afin que
i'aye autant de bouches que de playes, pour loüer mon Dieu : & que
toutes ensemble elles soient comme des portes de sang, pour donner
passage à mon ame au lieu où elle est atendüe d'vne si belle & noble
compagnie.* Asterius tout indigné & transporté de couroux,

*Est sou-
fleté.*luy donna vn soufflet en la presence de toute l'assistance,
luy disant : *Miserable, tu veux faire de l'entendu & du discou-
reur : toy, dis-ie, qui n'es pas digne de regarder le Ciel, ny la terre
encore moins? Sacrifie seulement si tu es sage : Car ie te iure par les
Dieux immortels, que si tu ne le fais, ie te feray sentir des tourmês
condignes à ta rebellion, sans que tes arts magiques, ny le Dieu en
qui tu te confies te puisse deliurer de mes mains.* Et voyant que
le Sainct demeuroit immobile, il commanda qu'il fust mis

*Est batu
à coups
de nerfs
de bœuf.*sur le cheualet, & qu'il fust batu pour le troisiéme fois auec
nerfs de bœuf. Ce qui fut executé, mais auec tant de fureur
& de cruauté, que peu s'en falut que le Sainct ne rendist
l'ame à Dieu : & l'eust fait, n'eust esté qu'il le reseruoit
pour de plus grands combats, estant comme impossible
qu'vn corps atenué de ieusnes & de souffrances peust resister & supporter de si estranges douleurs : car son corps
n'estoit que sang, la terre où il estoit, toute pleine de sang,
les bourreaux couuerts de sang, & les fouëts tous degou-

tans

tans de sang : de façon que les Prefets & toute l'assemblee
ne le pouuans supporter sans horreur, commanderent que
lon eust à le destacher.

Le Sainct cependant, sans se plaindre aucunement, par-
loit interieurement à Dieu, luy demandant les forces pour
suporter ce qu'il enduroit, & qu'il animast ses freres (qui
sont ces trois soldats qu'il auoit conuertis) pour valeureu-
sement soustenir les tourmens qui leur estoient preparez :
lesquels par vne grande deuotion baisoient ses plaies en
pleurant tendrement, le solicitant de manger des viandes
qu'ils luy auoient aportees pour recreer vn peu son corps
las & recru : Mais luy en recompense les repaissoit de ses
diuins discours, les excitãt en l'amour de Dieu, & les priant
de ne point s'attrister pour les douleurs qu'il enduroit,
dautant qu'elles n'estoient pas si pressantes & cuisantes
comme ils s'imaginoient, icelles perdant leurs forces en la
presence de nostre Seigneur, qu'il auoit veu pour vne se-
conde fois au milieu de ce dernier combat.

Ce tourment du Sainct passé, les Prefets commencerent
de venir aux reproches, luy disant, qu'il se deuoit conten-
ter de son opiniastreté, & d'estre Magicien, sans en atirer
d'autres, & non point peruertir ces trois sentinelles que
lon luy auoit dõnees pour gardes : Mais qu'ils iuroient par
le fort & redouté Iupiter, que si presentement ils n'encen-
soient sa statuë, ils les accableroient de tourmés. S. Victor,
sans s'arrester aux menaces de ces Ministres d'iniquité,
fortifioit ces nouueaux conuertis, demandant à nostre Seigneur qu'il luy fist cete grace, qu'il les vist en lieu de seu-
reté auant qu'il vint à le glorifier par sa mort : ce que nostre Seigneur, tout bon & misericordieux, luy accorda.
Car ces trois Soldats, brulans du desir du Martyre, repon- *Mar-*
dirent aux Prefets, qu'ils auoient croupi assez long temps *tyre*
dans l'idolatrie : mais que depuis que le Dieu du Ciel les *des*
auoit illuminez par les merites de son Saint, & les auoit *trois*
soldats

C

fait conoiſtre ſa volonté, ils ne ſacrifioient plus aux choſes inanimées, mais ſeulement à luy ſeul, comme auteur & maiſtre de toutes choſes. Ces diſcours enflammerẽt grandement Aſterius & Euticius, & les porterent dans de grãds excez de colere. De façon qu'ils cõmanderent qu'ils fuſſent mis en priſon, enchargeans que perſonne n'euſt à parler à eux. Trois iours paſſez ils ſe les firent preſenter, & leur dirent, qu'ils s'eſtonnoient bien fort, commẽt eux qui eſtoient prudents & ſages, & ſi affectionnez des Empereurs, ils auoient quitté ſi toſt leurs ſeruices & l'honneur qu'ils deuoient aux Dieux, pour adherer aux fauſſes ſuperſtitions des Chreſtiens : qu'en cela ils ſçauoient bien que leur bon naturel auoit eſté peruerty par vne mauuaiſe doctrine que leur auoit enſeigné Victor ; mais que la faute portoit quand-&-ſoy ſon pardon, puis qu'ils l'auoient fait plutoſt par ignorance que par malice, & partant qu'ils retournaſſent à reſipiſcence, qu'ils offriſſent aux Dieux de l'encens, qu'ils receuſſent leurs gages accouſtumées, & que cete faute ſeroit comme ſi elle n'auoit eſté faite, attendu que cela eſt commun à tout le monde de choper. Cela dit, croyans qu'ils euſſent changé d'opinion, ils les firent conduire au Tẽple qui eſtoit tout au haut du marché pour faire hommage à leurs faux Dieux. Mais les Saints paruenus à ce lieu reſpondirent conſtamment, qu'ils ne ſacrifieroient qu'au Dieu du Ciel, & que pour rien du monde ils ne ſe departiroient de la promeſſe qu'ils luy auoient faite lors qu'ils furent baptiſez. Ce qu'eſtant entendu des Preſidens, ils changerent leur douceur en aigreur : & à l'inſtant commanderent que lon euſt à les tirer de ce Tẽple, & qu'ils fuſſent conduits en la voye publique pour y eſtre decapitez. La Sentence donnee, tout le mõde acourut en ce lieu : les Saints y furent amenez pieds & mains liez, qui deuoient iouer cete ſanglante tragedie, ſuiuis du glorieux S. Victor qui les animoit au Martyre. De façon qu'ils pa-

rurent sur l'echafaut plus conſtans que la conſtance meſme, chantans & entonnans les loüanges du Tout-puiſſant,
le remerciant de ce qu'il luy plaiſoit accepter l'offrande
qu'ils luy offroient en ſatisfaction de tant d'idolatries &
de pechez qu'ils auoient commis contre ſa ſacree Majeſté.

Las ! qui pourroit deſcrire, comme il appartient la ioye
& le contentement que receut S. Victor, pour voir en eſprit triompher de la gloire eternelle, ceux dont il auoit
eſté le parain au Bapteſme ! *Quand ſera-ce, ô mon Dieu (di-*
ſoit-il) que ie ſeray deliuré des liens de cete miſerable chair, He-
las pour quoy ma vie m'eſt-elle prolongee apres celle de mes fidelles
compagnons : Aduancez, ô mon Dieu, les tourmens, & faites moy
ceſte faueur, que ie puiſſe eſtre aſſocié en voſtre gloire auec ceux
dont i'ay eſté participant en peines ici bas.

Cependant les Prefects firent entendre à l'Empereur ce
qui ſe paſſoit, côme S. Victor en la priſon auoit conuerty
ſes gardes, les auoit induits à endurer le martyre : ce qu'ils
auoient fait conſtamment, ſans que les careſſes & les menaces, dont ils auoient vſé enuers eux, les en euſſent peu
diſſuader : au demeurant que ſa Maieſté euſt à regarder ce
qu'elle vouloit faire de Victor. Maximian tout furieux, &
comme poſſedé du Diable, commanda que l'on euſt à le
tirer de la priſon, qu'il fuſt mis ſur le cheualet encor vne
fois, & que par harpons & peignes de fer, dont ſa chair ſeroit deſchirée, lon le contraigniſt de ſacrifier : pour cet effect que là aupres lon euſt à dreſſer vn Autel, ſur lequel
ſeroit poſee la ſtatuë de Iupiter qu'il adoreroit, afin que
cela ſe fiſt ſans plus tarder. Mais le feu de l'amour diuin
qui bruloit interieurement le S. Martyr, eſtoit plus grand
que les peines qu'il enduroit exterieurement : & comme
iceluy s'alloit augmentant, auſſi luy fit-il produire vne
action autant genereuſe pour les Chreſtiens, qu'infâme
pour les Payens. Car ſe voyant contraint & forcé d'adorer ceſte ſuſdite Idole, & conduit prez de l'Autel pour cet

effect, il donna vn si grand coup de pied à ce simulachre, qu'il le renuersa du haut en bas de l'Autel, pour lequel fait l'Empereur luy fit à l'instant couper le pied, mais comme dit M. Adam en sa Prose (l'vn des quatre Docteurs de ceste maison de S. Victor) le pied estoit coupé & separé de la iambe, mais le tronc, & l'ame pour les supplices ne furent separées vne minute de leur Dieu, tousiours obeyssans, tousiours promps, tousiours fermes pour endurer de nouueaux tourmens. Pied, qui se voit encores en ceste susdite Maison en chair, & en os, auec les venes, muscles, arteres, & les doigts, iaçoit qu'il y aye treize cens vingt-trois ans qu'il ayt esté coupé. Pied, qui est honoré des Roys & des Roynes, des Princes, & des Princesses, & de tout le reste du peuple, qui tous ensemble & en particulier s'estiment bien-heureux de le pouuoir baiser. Pied en vn mot, dont on fait vne feste particuliere le 23. Iuillet. Voyla comme sont honorez les reliques des Saints.

Toutesfois vne chose qui en cecy est à remarquer, & qui conuertit en admiration l'Empereur & toute l'assistance, fut qu'apres que le Saint eut le pied coupé il ne laissa pas d'aller & marcher aussi droit comme auparauant, sans qu'en son visage, en son alleure & contenance lon peust remarquer quelque alteration : pourquoy Maximian prit occasion de luy parler & luy dire : *Est-ce pas toy qui s'appelle Victor, rebelle à nostre Empire, & aux Dieux immortels, & seducteur de tes gardes ?* A quoy le Saint respondit. *Il est vray (ô auguste Majesté) que ie me nomme Victor, & qui demeureray (Dieu aydant) victorieux de tes tourmens ; mais non rebelle à ton Empire, encore moins à tes Dieux, que tu apelle immortels, puis qu'ils ne sont en rien du monde capables d'amour, ny de haine, n'estans que simple bois & pierre. Quant à ce que tu dis, que par mes arts magiques i'ay deceu mes gardes, il est vray qu'assisté de la grace de mon Dieu, ie les ay tirez de l'esclauage de l'idolatrie, & leur ay fait voir la pureté de la Religion Chrestienne. C'est ce que noſtre Seigneur a confirmé en eux, & ce qu'ils ont buriné en leur cœur, & ſeellé de leur ſang : & i'eſpere que ce meſme Seigneur me fera ceſte faueur de me conioindre bien-toſt à eux par vn lien indiſſoluble de l'immortalité.*

Maximian voyant que c'eſtoit vne choſe impoſſible de le pouuoir ranger, croyant que les tourmens paſſez auoient eſté trop legers, pour le comble de ſa rage & de ſon impieté, il commanda que le Saint fuſt mis entre deux meulles de moulin, & qu'aux reſſorts & poulies, qui ſeroient expreſſément faits en la charpéterie, fuſſent paſſez des chables, eſquels ſeroient atachez pluſieurs paires de bœufs, afin qu'au premier moũuement le Saint peût eſtre ecraſé. Ainſi qu'il auoit eſté commandé, ainſi fut-il fait. Car ces vilains bourreaux, acharnez (comme leur maiſtre) apres le Saint Martyr, ne perdirent vne minute de temps, qu'ils n'euſſent mis à chef cete diabolique inuétion. Toutes choſes donc preparees, le Saint fut pris par ces ſatelittes & mis entre ces deux meulles : les bœufs ſont piquez, qui au premier deſtour affeſſerent tellement le corps du Saint Martyr, qu'il ſembloit n'ocuper point de lieu, dautant que ces deux meulles vinrẽt à ſe toucher l'vne l'autre. O barbarie & inhumanité inouye! Ce corps n'eſtoit plus corps, les membres & les os eſtans ſi ecraſez, qu'aucun n'eſtoit capable de faire ſes fonctions : car à peine le voyoit-on deſſous ces deux machines, tant il eſtoit preſſé. Il pouuoit bien dire auec ſaint Ignace, qu'il eſtoit le froment de Ieſus-Chriſt : Car comme le froment eſt preſſé, moulu & pulueriſé deſſous la meulle, pour par apres en faire du pain: ainſi les os du Saint eſtoient pulueriſez & concaſſez, pour eſtre rendus par apres vn pain bien blanc, pour eſtre mis & expoſé aux yeux de noſtre Seigneur. O genereux & vaillant caualier, digne de voſtre nom, puiſque vous demeurez vainqueur des Empereurs, vainqueur de leurs tourmens & de toute la furie de l'Enfer! Voſtre corps

Eſträ-
ge &
cruel
Mar-
tyre.

estoit-il d'acier ou de bronze? Estoit-ce vn corps phan-
tastique ou emprunté, sur lequel les coups estoient des-
chargez en vain? Auiez-vous perdu le sentiment, estiez-
vous exempt des peines & des souffrances? Non certaine-
ment, vous auiez bien senty les precedens tourmés, & sen-
tiez encore celuy-cy dauantage, puis qu'il estoit plus cruel
que les autres. Mais l'amour diuin qui embrasoit vostre
cœur, faisoit que vous n'estimiez pas assez souffrir: car ce
flambeau de la Foy vous decouuroit assez cete vie eternel-
lement bien-heureuse qui vous attendoit. Or Dieu
qui ne s'eloigne iamais de ses seruiteurs, secourut aussi-tost
le Sainct Martyr, dautant que promptement il depescha
vn Ange, qui en vn moment deuant toute l'assistance vint
à arrester le cours de cete rouë; qui fut brisee & rompuë de
telle façon, qu'il ne demeura piece entiere. Toutesfois cela
ne fut bastant pour faire reconoistre à l'Empereur la tou-
te-puissante main de l'Eternel: au contraire, atribuant tout
ce qui auoit esté fait à l'art magique, il fit retirer le Sainct
tout palpitant & à demy-mort de dessous ces meulles; &
plus furieux qu'auparauant, commanda qu'en cet estat il

Sa mort.

fust traisné au petit Marché, & que là il eust la teste tren-
chee. Ce qui fut fait le vingt-vniesme Iuillet, l'an de nostre Seigneur trois cens sept. Mais côme le bourreau vint
à executer la Sentence, fut entenduë distinctement vne
voix du Ciel, qui disoit, *Tu as vaincu, ô Victor, tu as vain-*
cu: ie t'ay fait triompher de tes ennemis, & ta patience & con-
stance les a rendus confus.

Ceste mort fut accompagnee de prodiges. Car iaçoit
que lors qu'il fut decapité le Ciel fust clair & serein:

*Mira-
cles.*

neantmoins en vn instât il deuint si couuert & obscurci
que lon croyoit que la nuict eust auancé son heure: Vne
si grande tempeste s'esleua auec foudres, gresles, esclairs,
& tonnerres, qu'il sembloit que le Ciel voulust occuper
la place de la terre pour venger la mort du S. Martyr, ou

que noſtre Seigneur euſt auancé le temps de ſes Aſſiſes,
le peuple tout eſpouuenté s'enfuyant où il pouuoit. Pluſieurs diſoient haut & clair, que le Dieu des Chreſtiens
eſtoit grand, les autres, plus endurcis en leur opiniaſtre-
té, attribuoient le tout à la Magie: comme Maximian, lequel voyant des ſignes ſi grands & apparens, plus inſen-
ſible que les rochers, ne ſe contentant d'auoir fait endurer au Sainct tous les tourmens que ſa rage auoit peu in-
uenter, voulut encore ſeuir à l'encontre du corps mort,
commandant que lon le ietaſt, & ceux de ſes compagnons, dans la mer, afin qu'il n'en fuſt iamais parlé. Mais
comme il n'y a point de prudence ny de conſeil contre
les ſaincts decrets de la diuine Prouidence, Dieu voulut
que cet element rendiſt le deuoir aux Saincts Martyrs,
que les hommes leur auoient denié. Car les portans ſur
ſon dos, comme Reliques ſainctes, ſans qu'ils enfonſaſ-
ſent, il les rendit au bord, où les Chreſtiés les attendoiét:
Noſtre Seigneur voulant que la terre qui auoit eſté illu-
ſtrée de leur ſãg, le fuſt pareillemét de leurs ſaints corps.
De façon que les Chreſtiens les enſeuelirét à la pointe du
iour au pied de la mõtagne. Leur ſepulture ne fut pas ſãs
miracle, non plus que leur mort, dautant que le petit fils
de Longin (l'vn des ſoldats que S. Victor auoit conuerty
en la priſon, qui ſe nõmoit Deuterius, & qui depuis auoit
eſté regeneré ſur les fonds de Bapteſme, deſirans de ſuiure ſon pere, ſe jetta en la mer, par vn ſecret & particulier inſtinct de Dieu : laquelle luy fit la meſme faueur viuant qu'elle auoit fait à ſon pere mort, le portant au delà du riuage ſain & ſauue : Et comme il fut paruenu au
ſepulcre de ſon pere, & qu'il ſe fut mis en oraiſon, il ex-
pira tout auſſi-toſt & fut enſeuely par les Chreſtiens
dans le tombeau de ſon pere.

Sainct Victor fut le dernier (comme il eſt croyable)
que l'Empereur Maximian fit mourir; dautant qu'au

mesme temps qu'il eut faict depécher le Sainct, l'Empereur Constantin l'inuestit dans Marseille : où desesperant de son salut, & craignant de tomber vif entre ses mains, il s'etrangla.

Quant aux miracles que nostre Seigneur a diuinement operez & sur terre & sur mer par les merites de S. Victor, ils sont sans nombre, selon mesme que le rapporte S. Gregoire de Tours, lequel dit qu'au tombeau du Sainct de Marseille se retrouue vne singuliere vertu, à cause que son sepulchre est entouré tousiours de plusieurs languissans, estropiats, manchots, boiteux, aueugles, & sur tout de possedez des Diables. En voicy vn qu'il rapporte entre les autres.

A Marseille il y auoit vn seruiteur d'vn nommé Aurelian, des plus grands de la ville, qui estoit vexé du Diable, mais de telle façon, que lon estoit contraint de luy mettre les manotes aux mains, & les fers aux pieds, dautant que quand il estoit tourmenté il se dechiroit à belles dents. Ayant en vain experimenté tous les remedes humains, il fut amené en l'Eglise du Sainct Martyr, où ses saintes Reliques reposent : en laquelle il ne fut pas si tost entré, qu'il se sentit en soy tout embrazé & tout en feu par la vertu du Sainct. De façon qu'apres auoir esté long têps à crier & tempester en cete Eglise, le troisiesme iour il fut guary, au grand estonnement de toute l'assistance : & ce seruiteur fut depuis tellement confirmé en nostre saincte Religiõ, qu'il se rendit Religieux; lequel par apres, pour sa deuotiõ & saincteté de vie, fut eleu Abé de son Monastere.

Vn autre Miracle arriua en cete nostre Maison de S. Victor lez Paris, l'an mil trois cens deux, enuiron deux cens ans apres sa fondatiõ, qui est enregistré dans les Archiues d'icelle. Ce fut qu'vn certain homme, appellé Garnier, trauaillant seul en sa vigne le cinqiesme de Ianuier, veille de l'Epiphanie, fut frapé par vn diuin & oculte iugement

de

de Dieu au bras droit, de façon qu'il en perdit en vn inftant le mouuement : lequel, comme il eut vifité plufieurs
Eglifes pour receuoir guarifon, & que cela ne luy eut de
rien profité, vn iour de Samedy la nuit, comme il veilloit,
fort trifte de ne pouuoir plus gaigner fa vie, il entendit
vne voix qui luy parla en cete forte : *Garnier, ne crain point,*
achemine toy à S. Victor, & tu feras guary. Luy bien ioyeux
de ce qu'il auoit entendu, ne manqua point de venir où il
luy eftoit commandé, & arriua en ce Monaftere vn Ven-
dredy que lon celebroit la fefte de la Conuerfion de S.
Paul, accompagné d'vne fort honnefte Dame natiue de
Paris, lors que les Religieux eftoient atentifs à s'aquiter
de l'heure de Sexte : lequel apres auoir fait fon Oraifon
deuant le maiftre Autel, & baifé les reliques du Sainct
Martyr, (que le venerable Hugues, l'vn des quatre &
premiers Docteurs de cete Maifon, nous auoit appor-
tez de Marfeille) auant, dis-je, que les Freres euffent pa-
racheué l'heure fufdite, à l'afpect de plufieurs il fut guary,
& s'en retourna en fon pays, glorifiant Dieu & le Sainct.

Ie pourrois raporter, côme i'ay dit, vne iliade de Miracles qui ont efté operez par la vertu du Sainct, côtenus en
trois liures qui fe retrouuent en noftre Bibliotheque ma-
nufcrite : mais ie me côtenteray d'en raporter icy la quin-
te-effence, & de dire que noftre glorieux Saint a rendu la
veuë à 28. aueugles, tant hômes que femmes, la fanté à 8.
tout côtrefaits, deliuré 4. poffedez, guary 6. lepreux, & vn
epileptique, reffufcité 4. morts, rêdu l'ouye à 3. fourds, fait
parler 3. muëts, & rendu l'vfage des membres à 4. patali-
tiques, fans beaucoup d'autres qui no⁹ font inconus, & qui
pour la continuë n'ont efté remarquez. Le Cardinal Baro-
nius fait vne honorable mention de S. Victor le 21. Iuillet
que lon celebre fa fefte, côme auffi S. Gregoire de Tours
au lieu fus alegué, Vincent de Beauuais en fon Miroir hi-
ftorial, & Lypoman au iour de fa fefte.

Fin de la vie S. Victor. D

Mart:
Rom. 21.
Iull.
Baron.
in Mart.
ibid.
Gregor.
Tur. fup.
citat.
Vinc.
Bellou.
fpec.
hift. lib
12. c. 7.

LA VIE DE SAINT CLAIR
fur-Epte, en Normandie, Martyr.

Des ef-
fets de
la diui-
ne Pro-
uidēce.

CE font de merueilleux efets que ceux de la Prouidence Diuine: efets qui font comme des trefors de lumiere, dont l'efprit de l'homme ne peut penetrer le fond, qu'en tenant longuement l'œil fiché deffus : encor faut-il ramaffer fa veuë en quelque petit pertuis , & la conduire comme vne mire , de peur que cete lueur infinie ne s'eblouïffe : Mais au demeurant efets pleins de verité & de force, pour éleuer vne ame des bagatelles de la terre à la recherche du Souuerain bien. Ils font tellement remplis d'excellence, foit en leur caufe, en leur étre & en leur fin, qu'il faut auoüer ingenuëment qu'ils font au delà des bornes de la raifon naturelle. Cela fe verra par la fuite de l'hiftoire de la vie du glorieux S. Clair , que nous pretendons icy décrire ; Sainct grandement recommandable en cete Abaye de S. Victor, pour plufieurs merueilles, que Dieu y a operé par fon interceffion, & y opere encore de prefent en fa Chapelle : laquelle luy a efté confacree & attribuee plutoft par la deuotion du peuple, pour auoir efté fecourus en leurs neceffitez par fa faueur en ce lieu ; qu'autrement : Dautant qu'en fes commencemens elle fut erigee fous le nom de S. Leger Euefque d'Autun.

Pays &
parens
de S.
Clair.

Sainct Clair eftoit Anglois de nation, natif d'vne petite bourgade nommée Orueftre, où il nafquit l'an de noftre Seigneur 805. Son pere s'apeloit Edoüard, noble d'extraction , pour étre forty d'vne des plus anciennes familles des Confuls : mais ce qui releuoit dauantage fon origine & fa Nobleffe, eftoient les bonnes parties dont fon ame eftoit doüee ; dautant qu'il ne fe pouuoit rien voir de plus

affable & de plus humble que luy ; parties qui d'ordinaire
font accompagnees de plufieurs autres belles vertus. Cet
Edoüard eftant paruenu en âge capable de mariage, epou-
fa vne belle ieune fille, dont la vertu & probité de vie ne
cedoient en rien à fa bonne grace & beauté corporelle.
Heureufe conjonction, ou les mœurs & humeurs fymbo-
lifent fi bien, que tant s'en faut qu'elle apportaft du refroi-
diffement en la pratique de leurs actions vertueufes ;
qu'au contraire ils s'excitoient l'vn l'autre, ne plus ne
moins que le caillou frapé contre le fer, à produire des
eftincelles de deuotion. Mais entre les autres prieres
qu'ils faifoient à Dieu, ils luy demandoient humble-
ment qu'il pleuft à fa diuine Majefté, de leur donner
entr'autres chofes lignee, & nommément vn fils, afin de
le duire & dreffer à fon diuin feruice. Ce bon Dieu, qui
eft tres-proche de ceux qui l'inuoquent en verité exauça
leur priere, & leur en donna vn : mais vn fils, qui dés l'inftant qu'il vint à iouyr de la commune lumiere, fut remply de diuers dons du S. Efprit. Il eftoit fi beau, fi agreable, & auoit les membres fi bien compaffez dans vne iufte
proportion, que pour cete caufe il fut nommé Clair fur les
fons Baptifmaux; comme plaifant à Dieu & aux hommes.

Ses parens, qui l'auoient engendré autant fpirituelle- *Sa ieu-*
ment par leurs vœus & prieres, que naturellement, em- *neffe &*
ployerent naturellement toute leur induftrie à cultiuer la *fes eftu-*
terre de ce petit cœur, & à luy faire prendre vne forme & *des.*
vn plis qu'il gardaft tout le long de fes iours. Ce fut pourquoy auffi-toft que fes annees l'eurẽt rendu fufceptible tãt
de la vertu quedes fciences, fon pere eut vn foin particulier
de luy trouuer vn maiftre qui fuft egalement vertueux &
fçauant, afin que d'vn mefme train, & par les mefmes
actions, il fuft efleué en la crainte de Dieu, & en la co-
gnoiffance des lettres. C'eft vne chofe bien puiffante que
la nature : mais encor plus puiffante eft l'education ; puis

qu'elle peut corriger & changer naturellement ce qui est
vitieux, & le rendre bon, vtile & necessaire. Et bien que S.
Clair n'eût tant de besoin de ceste education qu'vn autre,
pour auoir en soy quelque chose qui surpassoit le commun: neantmoins son pere, pour obuier aux accidens, craignant, comme il arriue coustumieremēt, que les discours,
ou quelques actions dereglees, ne vinssent à luy corrom-
pre ses bonnes mœurs, fit en cela tout ce qu'vn pere peut
faire pour le bien de son enfant. Il ne se peut dire combien
grand fut le fruict que fit S. Clair aux Escolles, combien il
fut admiré & cheri de ses maistres & compagnons : aussi sa
douceur naturelle auoit-elle trop d'apas, pour n'atirer les
esprits à sa recherche. Plusieurs de ses compagnons en-
troient quelquefois en emulation; comme c'est le naturel
de la ieunesse portée d'vne loüable afection à l'estude des
Lettres: mais quelque diligence qu'ils aportassent, S. Clair
les surpassoit tousiours de bien loin par la viuacité de son
esprit, à comprendre tout ce que lon luy enseignoit :
Ioinct qu'il faisoit paroistre ie ne sçay quoy de surnaturel
& de particulier en ses actions, qui ne ressentoit en rien
son enfance. Ce que recognoissant fort bien son maistre
& Precepteur, il eut vn soin tres-particulier de son auancement, n'obmetant rien de ce que la prudence humaine
luy dictoit estre propre pour le porter à la fin, à laquelle il
le voyoit enclin. En fin personne ne le pouuoit contempler, qu'il n'en augurast quelque chose de grand; la beauté interieure de son ame faisant paroistre ses rayons au dehors. Il n'auoit iamais assez de loisir pour prier Dieu; &
n'aloit à l'Eglise si souuent qu'il eust bien souhaité : &
quand il y estoit, s'il entendoit la Messe, c'estoit auec vn
extraordinaire ressentiment; que s'il oyoit la Predication,
il en retenoit les points principaux, dont il pouuoit tirer
quelque profit: toutes lesquelles choses estoient des indi-
ces, que Dieu l'auoit preuenu de ses sainctes benedictions,

& qu'il se l'estoit reserué pour son seruice particulier.

Apres que S. Clair eut mis fin à ses estudes auec tant de gloire & d'honneur, de si amples tesmoignages de la sublimité de son esprit, sa capacité ne luy permettant plus la frequentation des Colleges, & l'apelant à des actions dignes de son estre & extraction : il fut rappellé en la maison de ses parens, pour frequenter les compagnies sortables à sa condition. Cela fut l'espace de quelque temps, mais plustost pour complaire à ses parens, qu'autrement, forçant en cela son naturel, qui aimoit sur tout la retraite & solitude. Neantmoins viuant en la maison de ses parens, il ne pouuoit pas s'en exempter; car s'il ne les eust pas recherchées, luy mesme eust esté accablé de visites, plusieurs ne pouuans pas viure sans sa compagnie, parce qu'il estoit accomply de toutes les belles parties que lon eust sceu desirer. Il estoit affable & courtois, mesme aux plus petits, doux & agreable en son maintien, modeste en ses actions, serieux & graue en son parler, prudent & retenu en ses entreprises, ennemy iuré de la vanité, le fleau de la medisance, de la flaterie & de l'ambition, & tout remply d'esperances pour le Ciel.

Ses parens le rappellét de ses estudes.

Ses parens, qui pour l'affection qu'ils luy portoient ne le voyoient qu'à demy, ne cessoient de remercier Dieu iour & nuict, de ce qu'il auoit accomply leur desir auec tāt de perfection. Ils voulurent en fin le marier, afin de le laisser heritier de tous leurs biens. Mais luy, qui ne hantoit les compagnies que par côtrainte, leur fit assez paroistre qu'il ne le desiroit pas; ayant graué dés ses plus tendres annees bien auant en son cœur le conseil que S. Bernard a donné depuis aux Chartreux de Mont-dieu, à sçauoir, *Que tous ceux qui sont en quelque estat & degré de Religion, doiuent estre parfaits, que le nouice soit parfait nouice, l'escolier parfait escolier, l'artisan parfait artisan; celuy qui commence, que ce soit auec perfection, celuy qui s'auance qu'il soit parfaict en son auancement,*

Prefere la virginité & le Celibat au Mariage.

& celuy qui est au degré de parfait, qu'il ne s'arreste, mais (com-
me dit S. Paul) qu'il se perfectionne dauantage : De sorte qu'en
commençant il ait parfaitement toutes les vertus conuenables à
l'estat d'vn commençant, & à mesure qu'il s'auance, qu'il les ayt
toutes en vn degré plus parfait. S. Clair, qui auoit bien com-
mencé auec perfection , & qui auoit voüé virginité à
son Dieu, pour eluder les pretensions de ses parens, qui
l'eussent peu presser sur le faict du mariage, se desroba se-
cretement de leur maison, quitta l'Angleterre son pays, &
tous ses plus intimes amis, passa en Normandie, & vint à
Cherebourg. De là poursuiuant son chemin, il entra dans

Mira- vn espaisse forest, où il rencontra le seruiteur de deux bons
cles. Hermites (qui faisoient leur residence dans ce bois) esten-
du couché sur la place, baignant dans son sang, pour auoir
receu vn coup de coignee sur la teste par de mauuais gar-
nemens, qui estoient aussi dans ce bois.. S. Clair meu de
compassion fit Oraison pour luy , & faisant le signe de la
Croix sur luy, le guarit parfaitement. Mais craignant que
ce nouueau miracle que nostre Seigneur auoit operé par
luy, ne le fit rechercher, & que cela ne le fit entrer en quelque presomption & vaine gloire , il sortit & se retira
promptement de ce bois, & s'en vint en l'Abaye de Mau-
dum, gouuernée pour lors par vn tres-digne Abé, nommé
Odobert, qui le coniura auec tous ses Religieux de demeurer auec eux : ce qu'il fit l'espace de deux ans.

Pendant ce temps-là ils eurent bien la conoissance de
sa probité & sainteté de vie, qui eclatoit en toutes ses
actions : mais ils en eurent encor vne bien plus particuliere, lors principalement que ces deux Hermites (le seruiteur desquels il auoit guary, ainsi que nous auons dit cy-
dessus) le vindrent chercher & l'eurent reconu en cete A-
baye. Car apres auoir veu la guarison miraculeuse de leur
seruiteur, ils voulurent voir ce Sainct Medecin là : & pour
ce sujet sortent de leur Hermitage, & vont le recherchant

par toute la foreſt, ez lieux meſme les plus epais & ecartez, eſperans en fin de le rencontrer : mais ayans veu que c'eſtoit en vain le chercher en ces lieux, ne s'imaginãs pas qu'il y fuſt, atendu qu'ils l'auoient cherché par tout; ils ſortirent aux champs, & aloient ainſi le cherchans de lieu en autre. En fin ils arriuerent en cete Abaye, où eſtans arriuez (ô grande prouidence de Dieu!) ils le virent paſſer, (remarquez, s'il vous plaiſt, qu'ils ne l'auoiẽt iamais veu) & à voir ſeulement ſa modeſtie, ſon port, & ſa grauité; ou bien plutoſt inſpirez du S. Eſprit, ils reconurent que c'eſtoit celuy qu'ils cherchoient : & comme il ſortoit de la Chapelle S. Paul, ils ſe ietterent tous deux à ſes pieds, & luy dirent : *O tres-aymable amy & ſeruiteur de Dieu, duquel nous ſommes auſſi les vils & infimes ſeruiteurs, nous te coniurons par les plus tendres ſentimens de nos ames, que tu ayes à nous donner quelque conſeil, ou plutoſt quelque formulaire que nous puiſſions ſuiure pour nous affranchir des lacs & pieges du Diable, & paruenir ſeurement à la vie eternelle.* Il y eut quelque ſainte conteſtation entr'eux, dautãt que le Saint homme par humilité s'en excuſant leur dit, que c'eſtoit d'eux qu'il deuoit receuoir le formulaire & la regle, comme eſtant vn des plus grands pecheurs que la terre peût porter : les Hermites au contraire diſoient, que ce qu'il diſoit de luy, ils ſe le pouuoiẽt iuſtement atribuer. Finalement l'importunité des Hermites l'emporta: auſquels il dit, Que le plus court chemin pour paruenir au Ciel ne conſiſtoit qu'en deux Verbes; A ſçauoir, *Abſtenir & Soufrir*: mais auant que de les ſçauoir bien coniuguer & reduire en pratique, il falloit beaucoup ſuër & peiner : que les annees toutes entieres y eſtoient trop courtes; & que quãd on croyoit eſtre au tẽps Parfait on n'eſtoit qu'à l'Imparfait: que la mortification de toutes nos paſſions, qui eſtoit contenuë en ce mot *Soufrir*, eſtoit vne des plus longues pieces de la vie ſpirituelle, qui s'aqueroit ſeulemẽt par les vieils routiers:

que plusieurs faisoient profession de la perfection, & portoient vn froc pour la marque d'icelle; mais qu'il s'en
falloit beaucoup qu'ils ne l'eussent aquise, comme il se
pouuoit reconoistre par leurs actions: que c'estoit la premiere leçon que nostre Seigneur auoit donné à ses Apo-
stres, quand il leur dit, *Si quelqu'vn desire me suiure, qu'il re-*
nonce à soy-mesme, qu'il porte sa Croix, &c. mais que c'estoit
la derniere qu'il auoit mise en pratique: Que ce port de
Croix ne consistoit pas en la forme du corps, mais bien
en la vertu de l'ame, à surmonter sa chair, à contreluter ses
apetits, à mepriser toutes les choses qui ne sont point de
Dieu, & ne reüssissent à sa gloire, & à suporter patiem-
ment & courageusement les trauaux & aduersitez qui se
presentent. *Voyla,* leur dit-il, *mes Freres la vraye perfection,*
& que vous deuez toute vostre vie rechercher en ces bois où vous
habitez: & faisant cela, vous ferez plus que si vous veniez à
gouuerner & regir les villes toutes enrieres; voire mesme à sur-
monter les nations barbares. Outre que ie vous puis asseurer, que
la parfaite Oraison, qui est le contentement de vos ames dans ces
afreuses solitudes, & par laquelle (comme vous sçauez mieux
que moy) vous traittez familierement auec Dieu, ne se retrouue
point sans l'esprit de la vraye disposition pour prier vtilement, &
l'accompagne comme vne arme defensiue pour vaincre les repu-
gnances & dificultez qui se presentent en priant. Il faut premiere-
ment aller sur la montagne de la Myrrhe, qui est la mortification
amere à la chair, auant que de passer sur la coline de l'encens, qui
est l'Oraison suaue à l'esprit. Et dautant qu'en ceste coline de
Dieu il y a des troupes de Philistins & d'ennemis qui font la guer-
re à ceux qui y residět, il faut auoir sans cesse les armes en la main
pour les combatre, mortifiant & repoussant toutes les difficultez
qu'ils nous suggerent. Si vous auez esté sur le mont Thabor, vous
transfigurant en l'Oraison en l'image de Iesus-Christ crucifié, ce
n'est pas pour y demeurer, mais bien pour accomplir les excez d'a-
mour, encor que ce soit aux despens de plusieurs mortifications &
                                                              trauaux

trauaux, vous rendans compagnons de sa pauureté , de ses mepris & de ses douleurs, portans la Croix qui en est composee. Bref, tenez pour tout certain que nous deuons , & vous, & moy, rechercher en ce monde la victoire de nos passions, & l'abnegation de nous mesme, ayans tousiours pour obiect la vie & la mort de nostre Capitaine, pour nous exciter à embrasser de iour en iour de nouuelles dificultez , & pour nous entretenir en son amour, & en celuy du prochain, qui sont les deux preceptes d'où depend toute la Loy & les Prophetes. Cela dit, les deux Hermites ayans receu sa benediction & luy ayans baisé ses mains, se retirerent en leur solitude, bien edifiez, fort contens, & grandement encouragez en leur profession de viure.

Peu de temps apres, S. Clair, poussé du desir d'vne plus grande perfection, bien que pour ses vertus il parust comme vn Soleil parmy ces bons Religieux ; & pour vaquer plus parfaitement en la contemplation, il se bastit vne petite loge à l'écart, auprés du fleuue Coste, pas bien loin de cete Abaye: sçachant bien, comme dit S. Hierôme, que les plus belles fleurs se retrouuent ez lieux solitaires & ecartez du monde ; qu'en ces lieux on conoist par experience combien le Seigneur est doux. Voyla pourquoy il choisit ce lieu auec beaucoup de côtentement. De vous dire auec quels elans, quelle ferueur & deuotion il passoit les iours & les nuits en Oraison. Cela se peut mieux imaginer qu'expliquer.

Vn iour de Dimanche comme il sortoit de sa cellule pour aller à l'Eglise de S. Paul, afin d'y offrir le sainct sacrifice de la Messe, il arriua qu'il fit rencontre dans cete Eglise d'vn ieune homme de fort bonne maison, beau de visage & d'vne belle taille, qui estoit possedé du Diable, lequel ses parens auoient amené en cete Eglise pour luy estre presenté & recommandé à ses prieres, esperans que Dieu le deliureroit par sa faueur. Le Sainct voyant la deuotion de ses parens, comme il estoit doüé d'vne douceur

Recherche la solitude.

Deliure vn possedé.

E

colombine, fut emeu & touché de compaſſion, de voir vne ieuneſſe ſi accomplie reduite ſous la tyrannie & l'eſclauage du Diable, de ſorte qu'il ſe mit en prieres à genoux: *Seigneur, dit-il, qui auez fermé par voſtre puiſſante main la gueule des Lions, lors que voſtre ſeruiteur Daniel eſtoit au milieu d'eux: qui auez conſerué voſtre Prophete Ionas dans le ventre d'vne Balene trois iours & trois nuits; & qui auez deliuré voſtre ſeruante Suzanne des calomnies de ces deux faux Vieillars, exaucez ma priere, & commandez à cet Eſprit malin, qui s'eſt emparé de cete voſtre creature, qu'il aye à la quiter, afin qu'elle vous loüe, & qu'elle vous chante tout le long de ſes iours vn Cantique de loüanges.* A peine eut-il acheué ſon Oraiſon, que ce pauure ieune homme ſe ſentit deliuré, ſans plus autre peine ny douleur, & commença à loüer Dieu, & remercier S. Clair de cete faueur qu'il auoit receuë par ſon interceſſion. Ce Miracle, comme il fut fait à l'aſpect de tout le monde, auſſi rendit-il le Sainct plus recommandable, chacun s'eſtimant bien-heureux de le voir & de receuoir ſa ſainte benediction: le bon Abé Odobert meſme, auec lequel il auoit demeuré à Mauduin, l'eut en grande veneration, comme auſſi tous ſes Religieux.

Mais que diray-je plus? Dieu le magnifia tant, & le mit de telle façon ſur le chandelier, pour ſeruir de fare & de lumiere à ſon peuple, que de tous les lieux circonuoiſins chacun le venoit viſiter: ceux qui ſe portoient bien, pour entendre ſes ſaintes inſtructions; & les malades, pour recouurer la ſanté corporelle. Les ſourds y recouuroient l'ouye, les muëts la parole, les boiteux le marcher, les paralytiques l'vſage de leurs mëbres, & les poſſedez eſtoient deliurez & mis en liberté: l'atouchement de ſes habits operoit auſſi de tels miracles; grace qui n'eſt pas triuiale, & qui ne ſe communique qu'aux plus fauoris de Dieu: La mort meſme luy obeïſſoit.

Il arriua que la mort ayant rauy à vne femme vn ſeul fils

qu'elle auoit, & qu'elle croyoit deuoir estre l'apuy & le *Ressu-*
soustien de sa vieillesse, elle fut reduite côme au desespoir, *scite vn*
pour auoir perdu son vnique esperance. Toutesfois apres *mort.*
auoir versé vn torrent de larmes dessus le corps de son fils,
elle se ressouuint des merueilles que Dieu faisoit en faueur
de S. Clair : Et comme tous ceux qui auoient recours au
sainct hôme, ne s'en retournoient point de deuant luy sans
l'efect de leurs requestes ; ainsi par vne grande confiance
qu'elle auoit en luy, elle fit mettre le corps de son fils
mort sur vn brancar, & s'en vint le presenter à l'homme de
Dieu, auquel toute esploree elle declara son infortune. S.
Clair esmeu de compassion, de voir ceste pauure femme
abysmee dans tant de tristesses, la consola & luy dit, qu'elle
eust esperance en Dieu, qu'il luy recommanderoit son af-
faire, & verroit s'il auroit prieres agreables. Cela dit, comme vn autre Elisee, il posa le corps de l'enfant en terre,
puis se couchant sur luy, s'estédit dessus, en telle façon que
son nez estoit contre le sien, sa bouche contre la sienne,
mariant ainsi & conioignant le reste de ses membres sur
ceux de l'enfant mort: & ayant demeuré quelque espace de
temps en cete façô, tousiours en prieres, il fit le signe de la
Croix sur le corps mort, & puis se leua. Grande merueille !
Ce ieune homme, qui estoit auparauant mort, se leua
tout aussi-tost en la presence de tout le peuple qui y estoit
acouru, & commença à louër Dieu, à remercier le sainct
homme, & à consoler sa mere, laquelle fut saisie d'vne
ioye tant excessiue, qu'elle deuint comme tout hors d'elle
mesme. De dire combien le bon Dieu fut glorifié de toute l'assistance, & son seruiteur honoré, ie le laisse à penser.
Ce n'estoient qu'aclamations, que loüanges & benedictions; & n'entendoit-on parmy vne si grande confusion
de voix, sinon que Dieu estoit admirable en ses Saincts.
Le Diable enuieux de l'auancement de nostre Religion,
& ne pouuant pas supporter que S. Clair par ses saints en-

seignemens & par ſes miracles luy rauit tant d'ames, qu'il
tenoit auparauant en ſa cadene auec ſes ruſes & artifices
accouſtumez, mit le couſteau de diuiſion. Car comme le
ſainct homme eſtoit doüé d'vne infinité de belles perfe-
ctions qui embelliſſoient ſon ame, ceſte beauté interieure
redondoit de telle façon à l'interieur qu'elle le rendoit admirable, & aymable à tout le monde, pour ſa beauté corporelle; ioint auſſi vne conuenance meſuree de pluſieurs
bien-ſeances concurentes à meſme train : ce malin eſprit,
dis-ie ſe ſeruit de ceſte meſme beauté comme d'vn piège,
pour enlacer & captiuer à ſon amour le cœur d'vne miſerable femme : laquelle, comme elle eſtoit noble , puiſſante & de grand reuenu, taſcha par toutes ſortes d'artifices de faire condeſcendre le ſainct homme à ſon deteſta-
ble deſſein. Mais lui qui auoit ietté de profondes racines en
l'amour de ſon Dieu, & qui euſt mieux aimé endurer toutes ſortes de morts, que de perdre la vie de ſon ame, & la
chaſteté qu'il auoit ſi cherement conſeruee, voyant les im-
portunitez inſuportables de ce tiſon d'Enfer, iugea que là
place n'eſtoit pas tenable, & qu'il luy eſtoit expedient de
ſe retirer ailleurs, pour amortir, ou pluſtoſt pour donner le
loiſir & le moyen à ceſte malheureuſe femme d'eſteindre
ces braſiers cuiſans qui conſumoient ſon ame. De façon
qu'ayant pris la benediction du S. Abé Odobert, il quitta
ce lieu, & s'en alla à la garde de Dieu, & apres auoir beaucoup tournoyé par toute la Normandie, arriua en fin en
vne foreſt, proche vne riuiere appellée Epte, ſur les con-
fins de la haute Normandie, où il eut cognoiſſance, que
c'eſtoit la volonté de Dieu qu'il y fit ſa demeure, & là auec
l'aſſiſtance d'vn ſien ſeruiteur il ſe baſtit & dreſſa vn petit
Hermitage.

Ce fut alors qu'il redoubla ſes auſteritez, employant
iour & nuict en oraiſon, ieuſnant continuellement, & ne
mangeant que des racines, mais auſteritez & mortificatiõs

qui luy eſtoient beaucoup plus agreables que tous les ap-
plaudiſſemens & les loüanges qu'il receuoit à Cherebourg, lors que Dieu ſe ſeruoit de luy pour operer ſes merueilles, dautant que tout ſon deduit eſtoit de conuerſer
au Ciel, & non en la terre, gouſter comme noſtre Sei-
geur eſt doux, & laiſſer les choſes de ce monde plus ame-
res que l'amerture meſme. Et comme l'ayman a intelligence & ſympathie auec le pole Arctique, & n'en a point
auec l'Antarctique, comme raportent ceux qui nauigent
ſous l'Equateur: ainſi l'ame de noſtre S. Clair, qui eſtoit
comme l'ayman qui animoit ſon corps, auoit ſeulement
intelligence auec le Ciel, auec ſon Epoux, auec ſon Dieu,
qui eſtoit le centre de ſon ame, & le but & le blanc de
toutes ſes actions; & non auec la terre, qui la pouuoit ra-
ualler & enlaidir de ſes ordures & imperfections. Neantmoins il ne iouyt pas long temps de ce bon-heur, dautant
que cete meſchante femme, embraſee des tiſons de luxu-
re (dont nous auons parlé cy-deſſus) ſe voyant deceuë de
ſes atentes, & ne pouuant ſuporter cet affront, depeſcha
deux de ſes ſeruiteurs affidez, pour le tuër où ils le ren-
contreroient. Ces Miniſtres de Satan donc, apres auoir
bien rodé toute la Normandie, ſans eſperance toutefois
de le pouuoir trouuer, comme ils s'en retournoient vers
leur maiſtreſſe, ils paſſerent proche la cabane du Seruiteur de Dieu, & s'enqueſterent de luy s'il ne ſçauoit
point où demeuroit vn appellé Clair. Il reſpondit d'a-
bord que non: mais comme ils pourſuiuoient leur chemin, luy croyant auoir commis vne grande faute, de leur
auoir celé la verité, les rappella, & leur dit que c'eſtoit
luy qui s'appelloit ainſi, & leur demanda ce qu'ils deſi-
roient. Alors ces cruels & meſchans s'eſtimans bien for-
tunez d'auoir trouué ce qu'ils cherchoient il y auoit ſi
long temps, ſe ietterent, comme deux loups affa-
mez, ſur cete brebis innocente, & luy couperent la te- *Eſt aſ-
ſaſſiné
& tué.*

ste le quatriesme de Nouembre, l'an de noftre Seigneur 884. Mais en fa mort il arriua vn grand Miracle; c'eft qu'il ramaffa fa tefte, & la porta dans ces mains
de ce lieu là iufques dans fa petite cellule, où elle tomba
auec le tronc aux pieds de ce fien feruiteur, dont nous
auons defia parlé, qui s'apelloit Cirinus : lequel l'enfeue-
lit le plus honorablement qu'il luy fut poffible.

T rois ans apres fa mort, le bon Dieu, qui veut eftre
glorifié en fes Sainéts, voulut monftrer par vn autre fi-
gnalé Miracle, combien il faifoit d'eftat de fon feruiteur,
S. Clair : Dautant qu'vn pauure homme aueugle dés fa
naiffance, faifant fa priere au tombeau du Sainét, vint
par permiffion diuine à s'endormir fur iceluy, & fut ad-
monefté en fonge par vn Ange de prendre de la terre où
repofoit ce faint Trefor, & de s'en froter les yeux : ce qu'il
fit eftant éueillé, & quand-&-quand Dieu luy donna la
veuë, dont il n'auoit iamais iouy : & s'en retourna chez
foy, non plus aueugle, mais clair-voyant, loüant & remerciant S. Clair, par les merites duquel Dieu luy auoit
fait cete grace : & voyla l'origine de la deuotion que lon
luy a porté depuis, & porte-on encore à prefent, principalement ceux qui font aueugles, ou qui ont mal ez yeux,
lefquels vont deuotement pour cet effet vifiter le lieu
de fa fepulture.

S. Clair eft veritablement d'vne tres-grande recom-
mandation, non feulement pour le mal des yeux, mais auffi pour toutes fortes d'infirmitez, ainfi que font foy les
Miracles que noftre Seigneur opere tous les iours par fes
merites à S. Clair fur-Epte, lieu de fa fepulture, en Normandie, (& qui depuis a toufiours porté fon nom) & ez
autres lieux où il eft reclamé.

Pour conclufion de cete hiftoire ie raporteray encor vn
Miracle, que Dieu a operé tout fraichement par les merites de S. Clair, tres-autentique & aueré; & d'autant plus,

que la personne qui a receu cete faueur est encor viuante
& digne de foy : c'est Monsieur Denyau Curé de Gisors,
personnage tres-docte & d'vne vertu & probité singuliere, lequel a recouuert la veuë qu'il auoit presque entierement perduë, par l'intercession du Sainct. Il luy estoit
tombé vn cathare sur les yeux, qui l'afligeoit de telle façon, que quelque remede que luy eussent aporté les Me-
decins, il estoit sur le point de perdre entierement la veuë:
& comme il se vid priué de tout secours humain, il eut recours à Dieu par l'intercession de S. Clair, ala par deuotion visiter ses saintes Reliques au lieu de sa sepulture:
où se recomandant à ses prieres, il se laua les yeux de l'eau
d'vne Fontaine, qui y est tres-recomandable pour ses efets
miraculeux ; & là dessus recouura vne entiere & parfaite
guarison. En recognoissance de laquelle faueur, se voyant
obligé de faire quelque chose à l'honneur de ce grand
Sainct, il a recueilly & composé sa vie & actions miracu-
leuses en Latin, non encor imprimée: mais qui est de present entre les mains des Docteurs de la Faculté de Theologie, pour rendre l'œuure plus autentique par leur Aprobation. Ce que nous auons apris de luy-mesme , & par le
temoignage qu'il en fait aussi en son Liure, lequel il nous
a fait voir.

Sa vie a esté décrite en Latin par Guido Abé de S. Denys en son Martyrologe (duquel nous l'auons tiree &
traduite) ainsi qu'il l'auoit trouuee auparauant, & prise
dans vn autre vieil Martyrologe d'Autun ; toute semblable & conforme à celle qui se retrouue au lieu de son martyre. Le Martyrologe Romain fait mention de luy le 4.
iour de Nouembre , qui est le iour de sa mort : bien que
celuy de sa Translation soit plus celebre, qui est le 18. de
Iuillet ; principalement en cete Abaye de S. Victor. C'est
la raison pour laquelle nous auons mis sa vie en ce iour de
sa Translation.